*Par Jouy et Jean-François
Roger, d'après Barbier*

L'AMANT ET LE MARI,

OPÉRA COMIQUE

EN DEUX ACTES.

IMPRIMERIE DE Mme HÉRISSANT LE DOUX,
IMPR. ORDINAIRE DU ROI ET DES MUSÉES ROYAUX,
RUE SAINTE-ANNE, N° 20.

L'AMANT ET LE MARI,

OPÉRA COMIQUE

EN DEUX ACTES,

Par MM.**,

Musique de M. F. FÉTIS;

Représenté pour la première fois, à Paris, sur le théâtre royal de l'Opéra comique, le 8 Juin 1820.

PRIX : 1 FR. 50 C.

A PARIS,

CHEZ LOUIS VENTE,

LIBRAIRE DES MENUS-PLAISIRS DU ROI,
ET DES SPECTACLES DE SA MAJESTÉ,
BOULEVARD DES ITALIENS, N° 7, PRÈS LA RUE FAVART.

1820.

PERSONNAGES.	ACTEURS.
Le Comte D'ANVILLE, colonel de cavalerie.	M. HUET.
La Comtesse JULIE de VERNEUIL, jeune veuve.	Mme LEMONNIER.
La Baronne D'APREMONT, tante de JULIE.	Mme DESBROSSES.
FOMBELLE, parent de JULIE.	M. LEMONNIER.
DARCIS, ami de la Baronne.	M. PONCHARD.
FLORE, suivante de JULIE.	Mme BOULANGER.
GERMAIN, valet de D'ANVILLE.	M. BAPTISTE.
CHŒUR des gens de la noce.	

Au premier acte, la scène se passe à Paris, dans la maison de la Baronne;

Au second acte, dans un Château appartenant au Colonel, à quelque distance de Paris.

Pour faciliter aux comédiens des Départemens la représentation de cet opéra, on a placé les personnages, en tête de chaque scène, dans l'ordre où le spectateur les voit. Le premier nommé est le premier à droite du théâtre, et ainsi de suite.

Si les personnages font quelque mouvement dans la scène, il est indiqué par un nouvel ordre de noms, écrit en note, au bas de la page, à l'instant où il arrive.

L'AMANT ET LE MARI.

ACTE PREMIER.

*Le théâtre représente un salon élégamment meublé,
où se trouve un piano. L'appartement de la Comtesse est à droite.*

SCÈNE PREMIÈRE.

GERMAIN, FLORE.

DUO.

GERMAIN.

Oh! oh! oh! quelle tristesse!
Ce malheur est accablant.

FLORE.

Ah! ah! ah! quelle allégresse!
Le tour est ma foi charmant!

GERMAIN.

Ce malheur est accablant.

FLORE.

Monsieur veut-il bien me dire
Quels sont ses chagrins secrets?

GERMAIN.

Tu m'apprendras donc après
Le sujet qui te fait rire?

FLORE.

Quand il s'agit de babiller,
Je ne me fais jamais prier.

GERMAIN.

Tout net, je te le confesse ;
J'éprouve un chagrin mortel
De voir que le Colonel
Veut épouser ta Maîtresse.

FLORE.

C'est là le motif
D'un chagrin si vif ?

GERMAIN.

Oui, puisqu'il faut te le dire.

FLORE.

Eh bien ! voyez pourtant !
Ce funeste accident
Qui vous afflige tant,
C'est là tout justement
Ce qui me faisait rire.

GERMAIN.

Voyez le mauvais cœur !

FLORE.

Voyez le grand malheur !

GERMAIN.

Eh ! quoi, mon Maître à la Comtesse ?...

FLORE.

Dans une heure se mariera.

GERMAIN.

Dans une heure ?...

FLORE.

A ma Maîtresse
Un doux hymen l'unira.

ENSEMBLE.

GERMAIN.	FLORE.
La maudite aventure !	L'excellente aventure !
Que de chagrin ! que de tourment !	Le tour est ma foi charmant !
Il faut être fou, je le jure,	Une aussi brillante capture
Pour en courir l'évènement.	Nous fait honneur assurément.

GERMAIN.

Je voudrais bien savoir, Mademoiselle Flore, ce que vous trouvez de si divertissant dans ce mariage fabriqué pendant mon absence ?

FLORE.

J'aime à voir battre les gens qui font les braves ; je te l'ai toujours dit, les plus intrépides sont ceux qui nous résistent le moins.

GERMAIN.

Je te l'avais déjà prouvé.

FLORE.

Toujours modeste, M. Germain !

GERMAIN.

Je suis excusable, moi, je suis amoureux ; mais mon maître !... Il n'aimait pas la Comtesse ; il se moquait même assez volontiers de cette foule d'adorateurs que cette jeune et jolie veuve traîne à sa suite.

FLORE.

Son heure n'était point encore venue ; nous n'avions pas encore laissé tomber sur lui un de ces regards auxquels on n'échappe pas....

GERMAIN.

Auxquels je me suis laissé prendre ; ce qui ne m'empêche pas de voir tous tes défauts. Comment peut-il s'aveugler sur les siens ?

FLORE.

M. Germain, je finirai par connaître si bien les vôtres....

GERMAIN.

Que tu m'épouseras.

FLORE.

Que je romprai avec vous. Apprenez à respecter ma Maîtresse.

GERMAIN.

Mon dieu! je la tiens pour une femme d'honneur et de vertu; elle a de la grâce, de l'esprit, et même, dit-on, de la bonté; mais cela n'empêche pas que ce ne soit un vrai démon de coquetterie, de légèreté, de caprice; et elle fera endiabler le Colonel comme elle a fait enrager son premier mari, lequel est mort au bout de six mois de mariage....

FLORE.

Et de soixante-quinze ans de célibat. Tu sais fort bien que cette union n'était autre chose qu'un arrangement de famille.

GERMAIN.

Je sais que c'était l'ouvrage d'une vieille folle de tante, de la baronne d'Apremont, qui tient lieu de mère à la Comtesse, et qui l'a élevée, Dieu sait comme!

FLORE.

Notre tante est une personne de sens qui soutient la dignité de son sexe, et qui veut, comme de raison, qu'une femme soit la maîtresse au logis.

GERMAIN.

La Comtesse ne la sera que trop avec mon pauvre maître; c'est bien l'amant le plus docile, le plus complaisant....

FLORE.

Voilà comme il nous les faut.

SCÈNE II.

GERMAIN, D'ANVILLE, FLORE.

D'ANVILLE, *entrant par le fond*.

Te voilà de retour, Germain.... Mademoiselle, voulez-vous bien m'annoncer chez la Comtesse?

FLORE, *en hésitant.*

Je n'ose pas dire à Monsieur que pour le moment, Madame.... m'a défendu....

D'ANVILLE.

Comment?

FLORE.

Monsieur le Comte peut entrer.... mais je serai grondée.

D'ANVILLE.

Grondée! (*Se contenant.*) Vous oubliez donc que dans une heure je serai le maître ici?

FLORE.

Je sais que dans une heure..... vous serez le mari de Madame. Mais enfin, Monsieur, c'est ma consigne : un colonel ne doit pas trouver mauvais que je la suive.

D'ANVILLE.

J'obéis. (*A part.*) Patientons jusqu'au bout. (*Haut.*) Cependant la Comtesse n'a-t-elle pas déjà reçu la visite de son grand belâtre de cousin, M. de Fombelle, accompagné de ce charmant M. Darcis, qui paraît convaincu que l'homme est sur la terre pour faire des pirouettes et des entrechats?

FLORE.

Ils ne sont point encore arrivés. Mais vous sentez bien qu'un jour comme celui-ci, Madame avait besoin de s'entendre avec M. de Fombelle, le grand ordonnateur des fêtes, et qu'elle pouvait encore moins se passer de ce joli petit M. Darcis, le favori de sa tante, avec qui elle doit danser ce soir un pas qui ne peut manquer de vous faire, à tous deux, infiniment d'honneur.

D'ANVILLE, *avec un faux air de soumission.*

Il n'y a rien à répondre à de pareilles raisons (*) : j'attendrai que la Comtesse veuille bien me recevoir. (*Il va s'asseoir.*)

FLORE *bas, en sortant, à Germain.*

Tu vois bien qu'on ne peut pas s'empêcher d'épouser un homme comme çà.

SCÈNE III.

GERMAIN, D'ANVILLE, *assis.*

GERMAIN.

Ah! Monsieur, c'est trop d'impertinence!.... Comment! vous serez l'époux d'une jolie femme, et vous vous laisserez consigner à sa porte!.... Mais autant vaudrait rester garçon.

D'ANVILLE.

C'est donc l'avis de M. Germain?

GERMAIN.

Ce que j'en dis, c'est par intérêt pour vous.

D'ANVILLE.

Je suis content de ton zèle.... Écoute.

GERMAIN, *avec empressement.*

Monsieur!...

D'ANVILLE.

Va-t-en.... et ne t'éloigne pas.

GERMAIN *en sortant, à part.*

C'est un homme perdu!

_____

(*) Germain, Flore, d'Anville.

SCÈNE IV.

D'ANVILLE, *seul; il se lève.*

C'est un honnête garçon; il aime cette petite Flore; la demoiselle est passablement impertinente; n'importe, il l'épousera..... Pourquoi serait-il plus sage que son maître?

SCÈNE V.

JULIE, *entrant par la droite*, D'ANVILLE.

JULIE.

Enfin, vous voilà, mon cher Colonel; c'est un peu tard, vous l'avouerez?

D'ANVILLE.

Ne m'accusez pas de peu d'empressement, Julie. Des ordres rigoureux m'ont été signifiés à votre porte, et je m'y suis conformé.

JULIE.

Des ordres! quelle folie! cela ne regardait que des importuns. Flore n'a pas le sens commun. J'ai tant de plaisir à vous voir!... (*Légèrement.*) J'étais occupée, il est vrai, de quelques détails que l'indifférence pourrait appeler frivoles, mais qui ne le sont pas pour moi, puisqu'ils vous prouveront quel prix je mets à donner l'air d'une fête au jour qui nous unit.

D'ANVILLE.

Chère Julie!...

JULIE.

Oh! oui, je vous suis chère; j'en suis bien sûre : je vous aime trop pour ne pas me croire aimée.

D'ANVILLE.

Le moindre doute serait pour mon cœur une cruelle injure. Ah! croyez, Julie, qu'il ne fut jamais d'amant plus passionné, d'ami plus tendre et plus fidèle.

JULIE.

Il me reste une crainte; je ne suis pas assez connue de vous; vous comptez sur mon cœur, et vous avez raison; mais j'ai des défauts, et je dois vous en prévenir, tandis qu'il en est temps encore.

D'ANVILLE.

Si vous en avez, Julie, avec tant d'esprit, tant de raison, il vous sera facile de vous en corriger.

JULIE.

Eh!... n'y comptez pas trop, et convenons de nos faits. J'aime le monde.

D'ANVILLE.

C'est de la reconnaissance.

JULIE.

J'ai les goûts de mon rang et de mon âge.

D'ANVILLE.

Nous avons de la fortune; mais vous savez qu'elle a des bornes et que le luxe n'en a pas.

AIR.

JULIE.

Je ne suis pas bien difficile;
Je ne demande presque rien.
Six chevaux, un coureur agile,
Des laquais d'un brillant maintien;
Élégantes voitures,
Et nouvelles parures;
Fêtes aux champs pendant l'été;
L'hyver, autres plaisirs dont je suis idolâtre;
Une loge à chaque théâtre;
Bals et soupers pleins de gaîté;

Concerts , où maint chanteur habile
A mon talent mêle le sien....
Je ne suis pas bien difficile ;
Je ne demande presque rien.

Parlons sans mystère :
Vous m'avez su plaire ,
Et je vous préfère
A tous vos rivaux.
Ma vive tendresse
A vous voir sans cesse
Trouvera des plaisirs nouveaux.
Mais point de jalousie ;
Elle blesse , humilie.
Fiez-vous à ma foi ;
Et sans humeur , voyez chez moi
Tous les aimables de la ville
Dont je goûterai l'entretien.....
Je ne suis pas bien difficile ;
Je ne demande presque rien.

D'ANVILLE.

Je conviens, ma chère Julie, qu'on ne peut être moins
exigeante; j'ai pourtant quelques légères observations...

JULIE, *un peu étonnée.*

Ah !.. des observations !.. aujourd'hui? J'aurais cru
que vous pouviez avoir quelque chose de plus agréable
à me dire.... Des observations !... il n'importe , je
vous écoute.

D'ANVILLE.

Le mariage.....

SCÈNE VI.

FOMBELLE , DARCIS , JULIE , D'ANVILLE.

(*Fombelle et Darcis entrent par le fond.*)

JULIE, *allant à eux.*

AH! voici ces Messieurs.... Arrivez donc, je vous
attendais.

DARCIS, *à d'Anville.*

Pardon, aimable Colonel, nous interrompons le tête-
à-tête; mais vous saurez bien vous en dédommager.

FOMBELLE.

L'important, aujourd'hui, c'est notre fête; on va
partir pour la cérémonie, et nous n'avons pas encore
réglé notre pas.

JULIE, *à Darcis*

Je compte sur vous pour me conduire.

DARCIS

Encore faut-il savoir comment il s'enchaîne avec les
paroles (*).

JULIE.

Comment!... avec les paroles?

DARCIS.

Oui; c'est ce que nous appelons un pas chanté : Fombelle a saisi mon idée à ravir.

FOMBELLE.

Madame était assurément bien faite pour nous inspirer.....

JULIE.

Vous devriez répéter devant nous.

D'ANVILLE.

Mais, ma chère Julie, nous aurions à causer de choses
plus intéressantes.

JULIE.

Cela n'empêche pas; on peut parler et regarder à-la-
fois.

FOMBELLE, *à d'Anville.*

Vous connaissez le plan général?

D'ANVILLE, *avec intention.*

Non, Monsieur.... mais j'ai aussi le mien.

(*) Darcis doit, dès son entrée, annoncer sa manie, en faisant
une pirouette ou un entrechat, et les répéter le plus souvent
possible dans le cours de la pièce.

FOMBELLE, *bas à Darcis.*

Il paraît piqué. Nous aurions dû lui demander ses avis.

DARCIS, *bas à Fombelle.*

En fait de plaisirs, mon cher, il ne faut jamais con-
sulter les gens qui les paient.

JULIE, *à Fombelle.*

Commencerons-nous par le concert?

QUATUOR.

DARCIS.

De l'auguste cérémonie,
Quand nous serons de retour,
Sous l'habit d'un gai troubadour,
Je fais placer la compagnie.

D'ANVILLE, *à Julie, feignant la surprise.*

Ah ! vous avez ce soir nombreuse compagnie ?

DARCIS.

Madame, par nos soins, y verra réunis
Tous ses parens, tous ses amis.

D'ANVILLE.

Madame y verra réunis
Tous ses parens, tous ses amis!.....
Et les miens ?....

DARCIS.

Les vôtres?... *(A part.)* ah ! diable !

D'ANVILLE.

J'ai des parens aussi.

FOMBELLE *à Darcis.*

C'est incroyable
Qu'on les ait oubliés!.... mais nous pourrons, je crois,
Les inviter une autre fois.

DARCIS.

Vers dix heures le jeu s'achève :
Dans l'autre salle on passera ;
Tout à coup le rideau se lève....
Et nous jouons un opéra.

FOMBELLE.

Jolis vers et bonne musique,
Sujet piquant, neuf et comique....
C'est l'HYMEN ENCHAÎNANT L'AMOUR !

D'ANVILLE *à Julie.*

Daignez m'écouter à mon tour.

JULIE.

Sujet piquant, neuf et comique !

FOMBELLE.

Je fais l'Hymen.

DARCIS.

Et moi l'Amour.

D'ANVILLE , *à part à Julie.*

D'une pareille folie,
Pouvez-vous bien, Julie,
Vous occuper en ce moment ?

JULIE , *avec légèreté.*

Oh ! c'est l'affaire d'un moment.

FOMBELLE.

Répétons un peu, je vous prie,
La fin de ce trio charmant.

*(Darcis va prendre sur le piano les parties du trio ;
et on chante à trois voix ce qui suit, tandis que
d'Anville, assis dans un coin, dissimule autant
qu'il peut son dépit, et ne dit mot.)*

L'amour jusques dans la vieillesse
Ménage encore un souvenir
A deux amans, dans leur jeunesse,
Bercés sur l'aile du plaisir.

D'ANVILLE *se levant avec impatience, à Julie.*

Écoutez-moi, le temps nous presse.

JULIE , *à d'Anville.*

Quoi ! vous n'êtes pas dans l'ivresse !

D'ANVILLE , *avec un rire forcé.*

Pardonnez-moi ! j'ai beaucoup de plaisir.

(A part.)

J'ai peine à ne pas me trahir.

DARCIS *à d'Anville.*

Vous, dans cet endroit de la pièce,
Ayez soin de vous attendrir.

FOMBELLE.

Un ballet termine la fête.

DARCIS.

Quelle suite d'enchantemens !
Voyez ces quadrilles charmans.
Une nymphe marche à leur tête....
Elle me fuit, et moi, faune amoureux,
Je la supplie, elle s'arrête....
Et nous dansons le pas de deux.

(*Il danse un pas.*)

SCÈNE VII.

FOMBELLE, LA BARONNE, *entrant par le fond ;*
DARCIS, *dansant ;* JULIE, D'ANVILLE, FLORE,
GERMAIN.

LA BARONNE.

Quelle élégance
Dans tous ses pas !
Ah ! comme il danse !
On n'y tient pas.

TOUS ENSEMBLE, *excepté d'Anville.*

C'est ravissant ! c'est admirable !
De ce pas j'admire l'auteur !
Et cette fête incomparable
Doit nous faire beaucoup d'honneur.

LA BARONNE, *à Darcis.*

En vérité, je suis ravie !
Où prenez-vous, Marquis, ce talent enchanteur ?
C'est bien la danse du génie !

DARCIS.

Ah ! dites mieux ; c'est la danse du cœur !

2

LA BARONNE.

Il est charmant!... Partons pour la cérémonie ;
Le ministre qui doit présider à vos vœux,
N'attend plus que le couple heureux.

CHOEUR GÉNÉRAL.

La chaîne la plus belle

Nous}
Vous} promet un bonheur constant :

L'Amour   nous}
          vous} appelle

L'Hymen   nous}
          vous} attend.

Tout le monde sort, excepté Flore et Germain.

SCÈNE VIII.

FLORE, GERMAIN.

FLORE.

Ce pauvre Germain, comme il soupire!

GERMAIN.

J'ai tort, peut-être?

FLORE.

Tu as cent fois plus raison que tu ne crois; à présent qu'il n'y a plus moyen de s'en dédire et que l'oiseau est dans la cage, je conviendrai de tout avec toi; Madame est charmante; mais, en ménage, c'est un petit démon, et je conseille au Colonel de filer doux.

GERMAIN.

Tu ne vaux guère mieux; n'importe, j'en cours la chance; et, si tu veux, je t'épouse.

FLORE.

Quelle imprudence!... Ecoute, il faut que je te parle en conscience. Attention!

RONDEAU.

Voici le portrait de Madame;
Ce portrait est aussi le mien.
Voudras-tu de moi pour ta femme?
Oh! non, non, non, je n'en crois rien.

Tantôt langoureuse
Et versant des pleurs,
On la voit rêveuse;
Elle a des vapeurs.
Mais la scène change,
Adieu les soupirs;
Son humeur étrange
Cherche les plaisirs.

Voilà le portrait de Madame;
Ce portrait est aussi le mien.
Voudras-tu de moi pour ta femme?
Oh! non, non, non, je n'en crois rien.

Fertile en caprices,
Habile en malices,
Elle est tour-à-tour,
Dans le même jour,
Tendre, légère,
Douce, colère.

Il est cependant
Un point important
Où sa fantaisie
Jamais ne varie;
On t'en avertit;
Fais-en ton profit :
Elle veut sans cesse
Être la maîtresse....
Tu m'entends bien!

Voilà le portrait de Madame;
Ce portrait est aussi le mien.
Voudras-tu de moi pour ta femme?
Oh! non, non, non, je n'en crois rien.

GERMAIN.

Je n'ai point peur, et si tu veux.... Mais voici nos
époux de retour !

SCÈNE IX.

DARCIS, FOMBELLE, JULIE, LA BARONNE, FLORE, GERMAIN.

FINAL.

DARCIS.

Près de l'hymen l'amour fidèle
A fixé son vol inconstant,
Et dans la chaîne la plus belle
Le bonheur vous attend.

FOMBELLE.

Tout est dit sur l'hymen, c'est une affaire faite.
Maintenant commençons la fête.

LA BARONNE.

Tous les acteurs ne sont pas prêts.

JULIE.

Mais où donc est d'Anville?

DARCIS.

Mon dieu, soyez tranquille :
Un mari ne se perd jamais.

FOMBELLE.

J'ai donné l'ordre; on allume.

DARCIS.

Allons changer de costume.

JULIE, *avec inquiétude.*
D'Anville....

DARCIS.

Le voilà.

SCÈNE X.

DARCIS, D'ANVILLE, FOMBELLE, JULIE,
LA BARONNE, FLORE, GERMAIN.

LA BARONNE.

QUEL air grave et sévère !

D'ANVILLE, *prenant Darcis à part, et à demie voix.*

Monsieur, vous dansez à ravir,
Et, dans un autre temps, j'espère
Vous donner chez moi ce plaisir.
Mais, tout entier aux soins que mon amour réclame,
Pour ma terre, à l'instant, je pars avec ma femme.

(*A Fombelle, qu'il prend à part.*)

Monsieur, je dois en convenir,
Personne, mieux que vous, ne dispose une fête ;
Mais à celle qu'on apprête,
Ma femme et moi nous n'assisterons pas (*).

JULIE, FLORE, GERMAIN, *à part.*

Qu'est-ce donc qu'il leur dit tout bas ?

D'ANVILLE, *à la Baronne.*

Je pars pour la campagne ;
Ma femme m'accompagne ;
Daignez-vous y suivre nos pas ?

TOUS LES AUTRES PERSONNAGES, *à part.*

Qu'est-ce donc qu'il lui dit tout bas ?

D'ANVILLE, *à Julie.*

Le bonheur a besoin d'un peu de solitude ;
Du vôtre désormais je ferai mon étude,
Et, pour y travailler avec plus de loisir,
De Paris, nous allons partir.

_____

(*) Darcis, Fombelle, Julie, d'Anville, la Baronne, Flore, Germain.

JULIE.

Quand donc ?

D'ANVILLE.

A l'instant même.

JULIE.

Allons! vous êtes fou !

D'ANVILLE.

Comme on l'est quand on aime.

JULIE.

Je ne pars pas.

D'ANVILLE.

Prenez un ton moins absolu ;
Nous partirons ; c'est un point résolu (*).

ENSEMBLE.

JULIE, *à la Baronne.*	D'ANVILLE.
Concevez-vous cette folie !	Que ce soit raison , ou folie ,
Est-ce caprice ou jalousie ?	Ou caprice , ou bien jalousie ,
Vraiment, je n'en puis revenir,	De votre époux c'est le désir :
Il prétend me faire partir!	Vous voudrez bien y consentir.

GERMAIN, *à Flore.*	LES AUTRES.
Que ce soit raison ou folie,	Concevez-vous cette folie ?
Ou caprice, ou bien jalousie,	Est-ce caprice, ou jalousie ?
De son époux c'est le désir;	Vraiment je n'en puis revenir ?
Il faudra bien y consentir.	Il prétend la faire partir !

LA BARONNE, *à d'Anville.*

Nous avons grande compagnie.

D'ANVILLE.

Ce n'est pas moi qui l'ai choisie.

DARCIS et FOMBELLE, *à d'Anville.*

Nous trouvons fort mauvais....

_____

(*) Darcis , Fombelle, d'Anville, Julie, la Baronne, Flore,
Germain.

D'ANVILLE.

Messieurs !...

Nous pourrons nous revoir ailleurs.

JULIE.

Vous vous donnez un ridicule.

D'ANVILLE.

Et je l'accepte sans scrupule.

LA BARONNE.

Quel ton prenez-vous avec moi ?

D'ANVILLE.

Je sais quel respect je vous doi.

LA BARONNE.

Elle est ma nièce.

D'ANVILLE.

Elle est ma femme.

JULIE.

Je veux rester.

D'ANVILLE, *avec fermeté.*

Vous partirez, Madame.

JULIE.

Je suis entêtée à l'excès.

D'ANVILLE.

Quand je veux, par hasard, je ne cède jamais.

(Gaîment, à Fombelle et à Darcis.)

Messieurs, souffrez que je vous quitte ;
Mais dans l'espoir
De vous revoir.

FOMBELLE, DARCIS.

Oui, vous aurez notre visite.
Au revoir.

D'ANVILLE.

Au revoir !

(A Julie, en lui prenant la main.)

Daignez me suivre, je vous prie.

L'AMANT ET LE MARI.

ENSEMBLE.

D'ANVILLE et GERMAIN.	LES AUTRES.
Que ce soit raison ou folie,	Concevez-vous cette folie ?
Ou caprice, ou bien jalousie,	Pareil accès de jalousie ?
De { votre / son } époux c'est le désir :	Vraiment, je n'en puis revenir!
Vous voudrez } bien y consentir. / Il faudra	Je ne consens pas } à partir. / Ne consentez pas

(D'Anville entraîne Julie.)

*(Flore fait des façons pour suivre Germain ,
et celui-ci l'enlève.)*

FIN DU PREMIER ACTE.

ACTE SECOND.

Le théâtre représente une galerie d'un château un peu gothique ; le fond se compose de trois portes qui restent fermées jusqu'à la dernière scène. Trois portes latérales. L'une, à la dernière coulisse à droite, est celle du dehors ; l'autre, à la dernière coulisse de gauche, est celle des gens de la maison. La troisième, à gauche aussi, mais plus près de l'avant-scène, conduit à l'appartement destiné à Julie.

SCÈNE PREMIÈRE.

FLORE, GERMAIN.

DUO. (*Contre-partie du premier duo.*)

FLORE, *en pleurant.*

OH ! oh ! oh ! quelle tristesse !
Ce malheur est accablant.

GERMAIN, *en riant.*

Ah ! ah ! ah ! quelle allégresse !
Le tour est ma foi plaisant.

FLORE.

Veux-tu, veux-tu bien te taire ?

GERMAIN.

Pourquoi donc cette colère ?
Tantôt tu riais, ma chère ;
C'est moi qui ris à présent.

FLORE.

Vit-on jamais de perfidie
Si cruelle et si bien ourdie?

GERMAIN.

Calme-toi, calme-toi,

FLORE.

Laisse-moi, laisse-moi.
Paraître plein de complaisance,
Puis tout à coup, le même jour,
D'un maître affecter l'insolence
Et nous conduire en ce séjour !

GERMAIN.

N'est-il pas très-gai, ce séjour ?

FLORE.

Oh! les hommes!.. les hommes!
Viens encor m'en dire du bien !

GERMAIN.

Voilà comme nous sommes!
Le meilleur de nous ne vaut rien.

FLORE.

Quel tourment que le mariage!

GERMAIN.

Il faut pourtant qu'il soit d'un doux usage,
Car on a beau vous en épouvanter;
Rien ne vous en détourne;
La jeune fille en veut goûter.......
Et la veuve y retourne.

FLORE.

Laisse-moi, laisse-moi.

GERMAIN.

Calme-toi, calme-toi.

ENSEMBLE.

FLORE.	GERMAIN.
O la triste demeure!	La pauvre enfant! elle pleure!
L'affreux évènement!	Elle a cru bonnement
C'est de colère que je pleure;	Que d'hymen la noble demeure
Mais on se venge, heureusement.	D'amour était le logement.

FLORE.

Non, je ne crois pas que, de mémoire de femme, on
se souvienne d'un trait aussi noir. Mais comment s'est
passé le voyage? Car, moi, jetée dans un fourgon, à
votre suite, avec le chef d'office, je n'ai pu voir....

GERMAIN.

Moi, en postillon, j'étais assez mal placé pour observer les deux époux; mais autant que j'ai pu voir en
détournant la tête, ils ont gardé pendant toute la route
le plus profond silence; Monsieur avait l'air assez tranquille; mais Madame avait un petit air furibond qui
était tout-à-fait drôle.

FLORE.

Rira bien qui rira le dernier. Veux-tu parier qu'en
définitive, ma Maîtresse l'emportera et que nous irons
coucher à Paris?

GERMAIN.

Eh bien! voyons; parions... r. un mariage, que c'est
Madame qui cédera la première.

FLORE.

Un mariage avec toi! fi donc!... N'importe, je suis
si sûre de mon fait, que j'accepte le pari.

GERMAIN.

Touche là. Si le Colonel fait acte de soumission, je
te donne cent bons louis d'or que je possède. Si c'est la
Comtesse, tu auras encore les cent louis, mais en échange
de cette jolie petite main dont je m'empare d'avance.

FLORE.

J'aurai les cent louis; mais, pour la main, je te la
souhaite. Voici Madame, laisse-nous.

SCÈNE II.

FLORE, JULIE.

JULIE.

Eh bien! Flore!

FLORE.

Eh bien! Madame!

JULIE.

Suis-je assez malheureuse? assez trahie? Voilà pourtant l'époux que je me suis donné!

FLORE.

Oh! c'est un vilain homme.

JULIE.

C'est un monstre!.. Moi qui l'aimais tant!.. Croirais-tu qu'il ne m'a pas dit un mot pendant toute la route! J'étouffe de courroux.

FLORE.

A votre place, j'en serais morte.

JULIE, *regardant autour d'elle.*

Quel triste château!

FLORE.

C'est bien la demeure d'un vrai loup-garou.

JULIE.

Le maître est pis encore! mais il n'en est pas où il croit.

FLORE.

Madame, il faut montrer du caractère.

JULIE.

J'en montrerai.

FLORE.

Résister à l'oppression.

JULIE.

Sans doute.

FLORE.

C'est la cause des femmes.

JULIE.

Nous la gagnerons.

FLORE.

Pourquoi céderions-nous l'empire à ces Messieurs?

JULIE.

Amants, ils sont à nos genoux.

FLORE.

Epoux, ils sont tout au plus nos égaux.

JULIE.

Que dis-tu, nos égaux? C'est à nous de régner sur eux.

FLORE.

Vraiment, oui : c'est ce que je voulais dire. Mais, voici le colonel.

JULIE.

Tant mieux : tu vas voir.

SCÈNE III.

FLORE, JULIE, D'ANVILLE.

D'ANVILLE.

JE puis donc en liberté, ma chère Julie.... (*Apercevant Flore.*) Mademoiselle, voudrait-elle nous faire le plaisir.... (*Il lui fait signe de sortir. Flore hésite, regarde sa maîtresse qui lui fait signe d'obéir.*)

FLORE, *en sortant, bas à Julie.*

De la fermeté.

SCÈNE IV.

JULIE, D'ANVILLE.

D'ANVILLE.

Comment trouvez-vous ce château?

JULIE.

Affreux.

D'ANVILLE.

Avant de vous y voir, j'étais presque de votre avis;
mais le lieu où vous êtes sera toujours pour moi le plus
agréable.

JULIE.

En ce cas, vous courez risque de vous déplaire beaucoup dans celui-ci; car je n'ai pas du tout le projet d'y
rester.

D'ANVILLE, *en souriant.*

Je pourrais vous répondre qu'il ne dépend pas tout à
fait de vous d'en sortir. Une femme doit demeurer auprès de son mari, et.... ma chère Julie, je suis le vôtre.

JULIE.

Vous, Monsieur! je ne vois en vous qu'un tyran.

D'ANVILLE, *avec bonté.*

Parlons raison, Julie : de quoi vous plaignez-vous?

JULIE.

De quoi je me plains? La question est nouvelle! De
quoi je me plains!

D'ANVILLE.

Daignez vous expliquer.

JULIE.

Je me plains, Monsieur, d'avoir été indignement
trompée par un homme qui s'est montré plein d'égards,
de déférence et de douceur, tant qu'il n'a été que mon
amant, et qui prend avec moi le ton et les manières
d'un despote, dès qu'il est devenu mon mari.

D'ANVILLE.

Je suis, je veux être toujours votre ami, votre
amant..... mais, ma chère Julie, permettez-moi d'a-
jouter que je ne veux pas être votre esclave.

JULIE.

Mais vous voulez que je sois la vôtre? Et de quel droit, Monsieur, m'enlevez-vous à ma famille, à mes amis, pour me confiner au fond d'un château gothique? Cela est odieux et j'en aurai justice.

D'ANVILLE.

Ce matin vous m'avez fait vos conditions. J'allais vous faire les miennes (car j'imagine que le lien qui nous unit nous engage également tous deux). Au lieu de m'écouter, vous vous êtes occupée avec des amis, qui ne sont pas les miens, d'une fête où vous n'avez oublié d'inviter que ma famille...... Ce que je n'ai pu vous dire avant notre mariage, je vous le dis après : un mari qui obéit me paraît encore plus ridicule qu'une femme qui commande. Je désire que nous ne soyons ridicules, ni l'un, ni l'autre. Le bonheur, dans le mariage, suppose une volonté commune; mais, s'il arrive, par hasard, que les avis se partagent, comme on n'est que deux, il faut bien qu'il y ait un avis qui l'emporte, et il me paraît naturel....

JULIE.

Que ce soit celui du plus fort, n'est-ce pas? Eh bien, Monsieur, je vous déclare que je ne céderai jamais à cette raison-là; et, comme vous n'en avez pas d'autre pour me retenir ici, je suis bien décidée à en sortir dès ce soir même et à retourner à Paris, où vous êtes le maître de me suivre.

D'ANVILLE.

Je connais trop bien mes intérêts (*tendrement*), et, je puis ajouter les vôtres, pour céder à un pareil dessein.

JULIE.

C'est-à-dire, Monsieur, que vous me refusez?

D'ANVILLE.

Nous sommes à quatre lieues de Paris. Il fera bientôt nuit; on nous prépare un souper charmant; vous n'exigerez pas que je me prive volontairement d'un aussi délicieux tête-à-tête.

JULIE.

Je ne veux pas souper, Monsieur, je ne veux pas....

D'ANVILLE, *sortant par la gauche.*

Je ne vous ai jamais vue si jolie.

SCÈNE V.

JULIE, *seule.*

Le perfide!... Je sortirai d'ici.... oui.... j'en sortirai.... Quelle situation est la mienne! un homme que j'aimais avec idolâtrie!.... Eh! c'est parce que je l'aimais, que je n'aurais pas dû l'épouser!... Les hommes qu'on aime sont affreux!

SCÈNE VI.

FLORE (*), JULIE.

FLORE.

BONNE nouvelle, Madame! il nous arrive du renfort.

JULIE.

Qui donc?

FLORE.

Madame votre tante, escortée de MM. Fombelle et Darcis. Ils sont entrés par la porte du parc; le Colonel ne s'en doute pas.

_____

(*) Elle entre par la droite.

JULIE.

J'en suis ravie.... Cependant, Flore, il peut trouver mauvais que des étrangers....

FLORE.

Vous avez peur de lui déplaire? nous sommes perdues.

JULIE.

Qui? moi! j'ai peur de lui déplaire! peux-tu penser?..

FLORE.

Eh! s'il n'en était pas ainsi, garderiez-vous cette parure de noce qu'il vous a donnée, et qui n'est plus que le signe de votre esclavage?

JULIE.

Tu m'y fais songer.... je veux.... tu prieras ma tante de passer avec toi dans mon appartement.

(*Elle sort.*)

SCÈNE VII.

FLORE, *seule.*

Il peut trouver mauvais!.. dans mon appartement!.. Je ne suis pas tranquille, et je prendrais la moitié de mon pari.

SCÈNE VIII.

FLORE, FOMBELLE, LA BARONNE, DARCIS,

Entrant tous trois par la droite.

MORCEAU D'ENSEMBLE.

LA BARONNE, FOMBELLE et DARCIS.

Cherchons cette pauvre victime
Qu'un tyran cruel opprime.
Nous venons la protéger;
La défendre et la venger. (*)

(*) Fombelle, Flore, la Baronne, Darcis.

3

FLORE.

Vous serez bien reçus.

LA BARONNE.

C'est toi, ma bonne Flore !
Que fait cette pauvre enfant ?

FLORE.

Madame, elle vous implore.

LA BARONNE.

Mène-moi vers elle à l'instant.

FLORE *à la Baronne.*

Entrez ; elle vous attend.

TOUS ENSEMBLE.

LA BARONNE, *à Darcis et à Fombelle.*

Allez, allez, votre cause est fort bonne ;
Suivez l'exemple que je donne,
Et de la beauté dans les pleurs
Montrez-vous les vrais défenseurs.

FLORE.

Allez, allez, votre cause est fort bonne ;
Suivez l'exemple qu'on vous donne,
Et de la beauté dans les pleurs,
Montrez-vous les vrais défenseurs.

DARCIS et FOMBELLE.

Allons, allons, notre cause est fort bonne ;
Nous accompagnons la Baronne,
Et de la beauté dans les pleurs,
Nous nous montrons les défenseurs.

(*La Baronne entre avec Flore chez Julie.*)

SCÈNE IX.

FOMBELLE, DARCIS.

DARCIS.

Mon ami, dans cette aventure,
Nous avons eu part à l'injure ;
La fuite de d'Anville a nous dû nous offenser.

FOMBELLE.

Il est vrai. Sans égard pour la charmante fête
Que j'apprête,
Il nous quitte !

DARCIS.

Sans balancer !

FOMBELLE.

Sans nous inviter à le suivre !
Ce Colonel ne sait pas vivre.

DARCIS.

Il ne sais pas même danser.

ENSEMBLE.

Que je plains cette aimable Julie !
Le moyen d'aimer un tel époux !
Il fallait à femme aussi jolie
Un mari toujours gai comme nous.

DARCIS.

Dans une fête éternelle,
Elle aurait passé ses jours ;
Et nos talens auprès d'elle
Auraient fixé les amours.

ENSEMBLE.

Allons, en chevalier fidèle,
Je viens ici la protéger.
Nous sommes français, elle est belle,
Et c'est à nous de la venger.

SCÈNE X.

FOMBELLE, FLORE, *sortant de l'appartement
de Julie,* DARCIS.

FLORE.

Ces dames m'envoient vous prier de vous rendre avec
la voiture à la petite grille du parc, où elles iront elles-
mêmes dans un instant. Elles vous engagent à éviter la
rencontre du colonel. Il y a beaucoup de monde dans le
grand pavillon. On va, on vient.... je ne sais ce qu'il
médite.

DARCIS.

Nous lui enlèverons sa femme le jour même de son
mariage. Il y a dans cette aventure le cadre d'un ballet
charmant.

FOMBELLE.

Oui ; mais j'entrevois une scène épisodique d'un
genre un peu moins gai.

DARCIS.

Tant mieux ! il faut des contrastes.

FLORE.

J'entends quelqu'un : c'est Germain.... Sortez ! il ne
faut pas qu'il vous voie. (*Ils sortent par la droite.*)

SCÈNE XI.

FLORE, GERMAIN, *entrant par la gauche.*

GERMAIN.

Tu n'es pas encore partie, ma pauvre Flore? tu veux donc absolument m'épouser? Tiens, voici le Colonel. Veux-tu que je lui annonce notre mariage?

FLORE, *en sortant.*

Occupe-toi seulement de me compter mes cent louis : avant une heure ils seront à moi.

GERMAIN.

Dis donc à nous. (*Flore sort par la droite.*)

SCÈNE XII.

GERMAIN, D'ANVILLE, *entrant par la gauche.*

GERMAIN.

ELLE est dans la confidence, Monsieur; je l'ai vue avec les deux ravisseurs.

D'ANVILLE.

Tu as fait dételer les chevaux?

GERMAIN.

Ils sont sous la clef, ainsi que la voiture.

D'ANVILLE.

Et les grilles?...

GERMAIN.

Fermées à double tour. Du diable si quelqu'un sort à présent du château, sans votre ordre.

D'ANVILLE.

Tu sais tout ce dont nous sommes convenus?

GERMAIN, *en sortant par la gauche.*

Je n'oublie rien; mon mariage en dépend.

SCÈNE XIII.

D'ANVILLE, *seul.*

ME voilà maître du poste! mais le plus fort n'est pas

fait. Il s'agit maintenant de faire entendre raison à deux
femmes.... il s'agit d'affliger un moment Julie!... mais
son bonheur y est attaché et ma résolution est prise.

RONDEAU.

Maris
Polis,
Qu'on aime et qu'on désole,
Tenez,
Venez,
Venez à mon école.
Et vous,
Pour nous
Quelquefois si cruelles,
O belles!
Je veux
Trouver grâce à vos yeux.
En combattant dans les champs de la gloire,
L'avantage est tout au vainqueur;
Mais, en aimant, triompher de son cœur,
C'est une pénible victoire!
Maris
Polis, etc. etc.

Qui mieux que moi connaît les charmes
De vos grâces, de vos discours?
Mais si l'on vous cédait toujours,
A quoi vous serviraient vos armes?
Maris
Polis,
Qu'on aime et qu'on désole,
Tenez,
Venez,
Venez à mon école;
Et vous,
Pour nous
Quelquefois si cruelles,
O belles!
Je veux
Trouver grâce à vos yeux.

SCÈNE XIV.

D'ANVILLE, JULIE, LA BARONNE.

(*Julie est vêtue très-simplement.*)

LA BARONNE.

Ah! vous voilà, Monsieur! vous savez sans doute le
motif qui m'amène?

D'ANVILLE.

Mais je présume, Madame, que vous venez voir votre
charmante nièce, et je prends ma part du plaisir que
vous lui faites.

LA BARONNE.

Votre plaisir sera court : je la ramène à Paris; ma
voiture est là.

D'ANVILLE.

Votre voiture?... Je vous demende pardon.... mais
elle n'y est plus.

JULIE.

Vous voyez, ma tante !

D'ANVILLE, *à la Baronne.*

J'ai pu croire, sans vous offenser, que vous nous
faisiez l'honneur de rester ici.

LA BARONNE.

Et qui donc, je vous prie, a donné l'ordre à mes
gens?...

D'ANVILLE.

C'est moi, Madame. J'ai l'habitude de commander
chez moi. Mais j'ose assurer cependant que vous y serez
obéie comme moi-même.

LA BARONNE.

Il y paraît.

D'ANVILLE.

Si vous l'exigez, je vais sur-le-champ faire atteler
mes chevaux.

LA BARONNE.

C'est tout ce que l'on vous demande.

D'ANVILLE.

J'aurai poutant quelque peine à vous laisser partir
seule à cette heure; car vous le savez, ma chère Julie,
(*avec tendresse et fermeté*) il est bien décidé que nous
restons.

JULIE.

Ce procédé est indigne !

LA BARONNE.

Vous m'obligerez, M. le Comte, à faire un éclat

dont tout le blâme retombera sur vous. Je vous préviens que j'ai pris mes mesures. Je ne suis pas venue seule ici, et puisque vous ne rougissez pas d'avoir recours à la violence, je vais....

JULIE, *l'arrêtant avec vivacité.*

Ah! ma tante! ne l'exposons pas....

D'ANVILLE.

Ma chère Julie! combien je suis touché de ce mouvement aimable! mon cœur en avait besoin,

JULIE.

Il ne prouve rien, Monsieur, que ma prudence.

D'ANVILLE.

Et cette parure si simple qui vous embellit tant à mes yeux! ne permettez-vous pas à mon amour d'en tirer un favorable augure?

JULIE.

J'ai donc le bonheur de vous plaire sous cet habit?

D'ANVILLE.

Vous ne fûtes jamais plus chère à mon cœur.

LA BARONNE, *à part.*

Il va la désarmer! (*Haut.*) Si vous aimez Julie, Monsieur, il faut le lui prouver, en la laissant maîtresse ici.

D'ANVILLE.

Pour qu'elle y soit maîtresse, il faut commencer par y rester.

LA BARONNE.

Oh! non! nous commençons par en sortir.

SCÈNE XV.

D'ANILLE, JULIE, FLORE, LA BARONNE.

FLORE, *à demi-voix* (*).

MESDAMES, la voiture n'est plus au bout de l'avenue; MM. Fombelle et Darcis sont observés : je tremble!...

_____

(*) Elle entre par la droite.

JULIE.

Et que veux-tu que nous y fassions?

LA BARONNE.

Mais c'est donc un guet-à-pens que cette maison là?

SCÈNE XVI.

D'ANVILLE, JULIE, GERMAIN, FLORE,
LA BARONNE,

GERMAIN, *entrant par la gauche, et annonçant*
du fond du théâtre.

MADAME la Comtesse est servie.

D'ANVILLE.

Mme le Baronne veut-elle bien accepter ma main?

LA BARONNE.

Non, certainement, Monsieur.

FLORE, *à part.*

Bravo!

D'ANVILLE, *à Julie, tendrement, en lui prenant*
la main.

Ma Julie ne la refusera pas; et vous, Madame, (*à la*
Baronne, gaîment) vous ne laisserez point votre nièce
souper tête-à-tête avec un tyran tel que moi.

LA BARONNE.

Mais, ma nièce....

JULIE, *à la Baronne, sans retirer sa main.*

Ma tante, je vous en conjure, ne m'abandonnez pas!

FLORE, *à part.*

Aïe! aïe! (*Ils sortent tous excepté Flore et Germain.*)

SCÈNE XVII.

FLORE, GERMAIN.

GERMAIN, *riant*

Qu'en dis-tu?... Ils vont souper ensemble.

FLORE.

Je dis.... je dis.... que cela n'ira pas plus loin; que

je n'ai pas perdu, et que nous ne sommes pas encore
mariés.

GERMAIN.

Nous sommes fiancés, pour le moins. Il n'y a donc
pas d'indiscrétion à te demander si tu m'aimes.

FLORE.

Si je t'aime!... Je n'en sais rien.

GERMAIN.

Aux termes où nous en sommes, il serait temps de le
savoir : j'ai parié que tu m'épouserais.

FLORE.

Mais je n'ai pas parié que je t'aimerais; ne confon-
dons pas.

GERMAIN.

Je n'aurais pas tenu ce pari là : je suis trop honnête
homme pour parier à coup-sûr.

FLORE.

Tu as de la confiance! voilà déjà une bonne vertu de
mari.

GERMAIN.

Je les ai toutes dans une; je suis crédule à l'excès.

COUPLETS.

1er.

Je croirai que pour ma tendresse
Ma femme n'a point de secret;
Je me croirai, sur sa promesse,
De son cœur le premier objet.
Je la croirai d'humeur farouche,
Quoiqu'en disent les envieux;
Et j'en croirai toujours sa bouche....
Sans jamais en croire mes yeux.

2e.

Je croirai que de ma présence
Son cœur a besoin chaque jour;
Je croirai que, dans mon absence,
Elle désire mon retour :
Je la croirai tendre, sincère,
Fidèle, au gré de tous mes vœux;
Enfin, je me croirai le père....
Et le mari le plus heureux.

FLORE.

A la bonne heure !

GERMAIN, *regardant dans le fond à gauche.*
Comment!... on sort déjà de table!

FLORE.
S'ils pouvaient s'être querellés!

GERMAIN, *en ricanant.*
Je vais savoir s'il faut faire mettre les chevaux.

(*Il sort à droite.*)

SCÈNE XVIII.

FLORE, JULIE, *entrant par la gauche.*

FLORE.
Quoi, Madame! toute seule!

JULIE.
Oh! pour un moment. Ma tante va revenir me prendre. Nous avons gain de cause, et nous retournons à Paris.

FLORE, *avec joie.*
Vraiment! Monsieur consent?....

JULIE.
Tu sens bien que sa fierté maritale ne lui a pas permis de donner un consentement formel; mais il a été, pour ma tante, pendant tout le souper, d'une politesse!... d'une galanterie si recherchée!... Ils se sont beaucoup parlé bas, et j'ai vu clairement qu'elle lui faisait entendre raison. Elle t'attend pour les apprêts du départ. Va la rejoindre.

FLORE.
Dieu soit loué! Nous avons donc sauvé l'honneur du sexe!

(*Elle sort à droite.*)

SCÈNE XIX.

JULIE, *seule.*

En effet, il eût été honteux de céder..... Une fête charmante, préparée, annoncée depuis quinze jours.... s'y voir enlevée.... et en présence de tout le monde!..

(Elle prend un livre et va s'asseoir auprès d'une table.)
Plus j'y pense, plus je suis en colère....*(Elle se lève)*
je suis sûre que mes traits en sont changés à faire peur.
(Elle regarde vers la porte d'entrée.) Mais ma tante
tarde bien à venir..... Le Colonel aurait-il cherché à
la gagner?... Oh! non, c'est impossible!... Mais elle
ne revient pas!... ni Flore non plus.... Qu'est-ce que
cela signifie?... Me voilà toute seule ici.... C'est tout
au plus si je suis rassurée.... On vient.... *(Elle regarde.)*
Ciel! c'est d'Anville.

(Elle va vite se rasseoir et prendre son livre.)

SCÈNE XX.

JULIE, D'ANVILLE, *entrant par la gauche.*

(Il s'approche. Elle feint de ne pas le voir.)
D'ANVILLE, *à part.*

Il ne me reste plus qu'elle à gagner. Voyons si j'y
réussirai! *(Haut.)* Madame.....

JULIE, *affectant un mouvement de frayeur.*

Ah!... mon dieu, Monsieur, vous m'avez fait une
peur!...

D'ANVILLE.

Je suis bien malheureux de vous inspirer un pareil
sentiment.

JULIE.

C'est ma tante, et non pas vous que j'attendais.
D'ANVILLE.

Votre tante s'est retirée dans son appartement, et
probablement elle repose déjà.

JULIE.

Qu'entends-je? Elle aussi m'a trahie!
D'ANVILLE.

Elle vous aime presque autant que moi.
JULIE.

Ne me forcez pas à douter de son cœur.

D'ANVILLE, *tendrement.*

Ah! Julie!... quel moment choisissez-vous pour me faire un pareil reproche!

JULIE, *s'adoucissant.*

Mais.... celui que vous avez pris pour le mériter.

D'ANVILLE, *avec feu.*

Non, Julie, non; vous ne doutez pas de mon amour! vous ne doutez pas de l'empire absolu que vous avez sur mon âme!.... Prévenir, combler tous vos vœux, c'est le seul but, c'est le seul bonheur où j'aspire.

JULIE, *émue.*

Je l'espérais!... et mon cœur se promettait bien de n'être point ingrat!

D'ANVILLE, *avec ménagement.*

Faut-il qu'un léger caprice compromette d'aussi douces destinées!

JULIE, *un peu piquée.*

Je puis être capricieuse.... mais du moins je ne suis pas injuste et tyrannique.

D'ANVILLE, *avec bonté.*

Julie!... vous m'avez semblé un peu légère.... je vous ai paru trop rigoureux.... peut-être avons-nous tort l'un et l'autre.... Un mot, un seul mot pourrait nous mettre tous les deux d'accord.

JULIE.

Et.... ce mot?... quel est-il?

D'ANVILLE.

Je vous pardonne.

DUO.

JULIE.

Qui, moi!... moi, que je vous pardonne!...
Avez-vous bien pu le penser?

D'ANVILLE.

Oui, Julie, oui, l'amour nous l'ordonne;
Obéissons sans balancer.

JULIE, *hésitant.*

Mais... est-ce à moi de commencer?

D'ANVILLE.

C'est au plus tendre à commencer.

(*Très-tendrement.*)
La fierté ne peut trouver place
    Dans un cœur bien épris....
(*A genoux.*)
A vos genoux, je demande ma grâce.

JULIE, *après un moment d'hésitation où l'on voit que*
la vanité l'emporte sur le sentiment.
Eh bien!... eh bien!... retournons à Paris.

D'ANVILLE.

Il se relève avec sang froid, va prendre un flambeau
et le présente à la Comtesse.
Voici la nuit, Madame.

Julie remet le flambeau sur la table, sans répondre.
Je vous laisse.
Votre appartement est ici.
(*Il l'indique.*)

JULIE.

Je reste dans celui-ci.

D'ANVILLE.

Eh bien! soyez y la maîtresse.
C'est trop affliger vos regards;
Mes chevaux sont prêts... et je pars.

JULIE, *prenant le bougeoir, avec un dépit déguisé.*
Ce parti charme mon âme,
Et j'y souscris de bon cœur.

ENSEMBLE.

JULIE.	D'ANVILLE, *à part.*
Ce parti charme mon âme,	Du dépit secret de son âme
Et j'y souscris de bon cœur...	Elle ne peut cacher l'aigreur...
Adieu, Monsieur!	Adieu, Madame!

D'ANVILLE.

Puisse un sommeil long et paisible,
Vous offrir son calme enchanteur!
Après un jour aussi pénible,
Du repos goûtez la douceur.

JULIE.

Oui, je vais d'un sommeil paisible
Goûter le repos enchanteur;
Après un jour aussi pénible,
Le sommeil est une faveur.

ENSEMBLE.

JULIE.	D'ANVILLE, *à part.*
Ce parti charme mon âme,	Du dépit secret de son âme,
Et j'y souscris de bon cœur.	Elle ne peut cacher l'aigreur....
Bon soir, Monsieur!	Bon soir, Madame!

Le Colonel sort à gauche, et Julie va pour rentrer
dans son appartement, puis revient sur ses pas.

SCÈNE XXI·

JULIE, *seule.*

JE suis ravie qu'il m'ait quittée.... certainement....
j'en suis ravie.... c'est tout ce que je voulais!... il a cru
m'effrayer par un feint départ.... il ne partira pas....
il m'aime trop!... il m'aime trop!... Mais s'il m'aime
réellement, pourquoi donc l'obliger à s'éloigner de
moi?... Qu'entends-je?... C'est, je crois, un bruit
de voiture!... S'il partait en effet!... s'il m'aban-
donnait pour toujours!... Quoi! pour une misérable
fête, pour des amis frivoles, j'aurais sacrifié l'homme
le plus tendre et le plus aimable!.*. Ah! courons
avertir ma tante.... mais non, je n'ose.... si j'appe-
lais.... (*Elle appelle et sonne.*) Flore! Flore!... Elle
ne viendra pas!... Flore!

SCÈNE XXII.

JULIE, FLORE, *entrant par la droite.*

FLORE.

EH! me voilà, Madame.

JULIE.

Où donc étiez-vous? je vous sonne depuis une heure.

FLORE.

Moi, Madame! j'étais dans le parc à observer le
Colonel. Messieurs Fombelle et Darcis causaient avec
lui. Ils sont maintenant les meilleurs amis du monde.
Bientôt après, le Colonel est monté en voiture.

JULIE.

Il est parti!

(*D'Anville paraît dans le fond à gauche.*)

FLORE.

Grâce au ciel.... et a trois bons chevaux, il est déjà
bien loin.　　　(*Elle regarde d'Anville.*)

JULIE.

Malheureuse!... et vous ne l'avez pas retenu!

FLORE.

Ma foi, Madame, écoutez donc; si vous n'y avez pas
réussi.... Ce n'est pas l'embarras, j'en avais quelque
envie; mais sachant combien vous le détestiez (*Avec
affectation*) à juste titre, et combien vous seriez con-
tente d'être enfin la maîtresse au logis.....

JULIE.

Ah! que dis-tu? je suis au désespoir de l'avoir offensé,
je l'adore, et dût-il me retenir seule ici, loin du monde
et de tous les plaisirs, je consentirais à tout; je ne
saurais me résoudre à cesser de le voir.

(*D'Anville disparaît.*)

FLORE.

Oh! pour le coup, me voilà mariée!

JULIE.

Mais, allez donc vite, Mademoiselle, avertissez ma
tante, et courons après lui.

FLORE.

Vous n'irez pas bien loin.

SCÈNE XXIII et DERNIÈRE.

*Ici les trois portes du fond du salon s'ouvrent. La
musique se fait entendre. Des lustres descendent
d'en haut. On voit tous les apprêts d'une fête
champêtre. Une nombreuse compagnie entre, con-
duite par Darcis et Fombelle, et reste dans le
fond.*

FOMBELLE, DARCIS, LA BARONNE, JULIE,
D'ANVILLE, FLORE, GERMAIN.

JULIE.

Que vois-je!... mon mari!
Elle veut se jetter à ses pieds.

FINAL.

D'ANVILLE, *l'arrêtant.*

Non, non, non, non; c'est dans mes bras
Que je recevrai ma Julie.
Heureux cent fois, si mon amie
Elle-même ne m'en veut pas!
Je viens en force, au moins, solliciter ma grâce.

(*Il montre la Baronne et tous les gens de la noce.*)

JULIE.

Ma tante ! que je vous embrasse !

LA BARONNE.

Il m'a, dès le souper, mise dans le complot.

FLORE.

Et moi, pour me séduire, il ne m'a dit qu'un mot,
Qu'il vous rendrait heureuse.

JULIE, *tendrement.*

Il tient déjà parole.

FOMBELLE.

Dans le parc, à loisir, avec mon cher Darcis
J'ai disposé la fête.

DARCIS.

Et repassé mon rôle.
(*Il fait un entrechat.*)

D'ANVILLE.

Vos amis et les miens y sont tous réunis.

JULIE.

Eh ! quoi, vous m'aimiez tant !

D'ANVILLE.

En seriez-vous surprise ?

JULIE.

Ah ! d'un si noble époux,
La femme ne peut être (et cet aveu m'est doux)
Ni trop tendre.... ni trop soumise.

DARCIS

Madame la Baronne, avec vous, s'il vous plaît,
Je veux ouvrir le bal.

LA BARONNE.

Moi !

DARCIS.

Par un menuet.

FOMBELLE.

Allons, suivez-moi tous, et qu'avec moi l'on chante :
Heureuse la femme charmante,
Qui, dans le tendre époux que son cœur a choisi,
Ne saurait distinguer l'amant et le mari !

CHŒUR GÉNÉRAL.

Non, dans le tendre époux que $\begin{Bmatrix} mon \\ ton \\ son \end{Bmatrix}$ cœur a choisi,

Je ne distingue plus $\left.\begin{matrix} \\ \\ \end{matrix}\right\}$
Ne distingue jamais $\left.\begin{matrix} \\ \end{matrix}\right\}$ l'Amant et le Mari.
On ne distingue point

FIN.